CAMBIO DE PLANO

Juan Manuel Leiva Sepúlveda

EDITORIAL

Poesía...
eres tú.

Cambio de plano

Primera Edición 2025

© Juan Manuel Leiva Sepúlveda 2025

© Editorial Poesía eres tú.
https:// poesiaerestu.com
C/Dr. Fleming Nº50, 4ºD
28036 Madrid
Teléfono: 34 91 345 38 17
Fax: 34 91 350 80 54

ISBN: 978-84-18893-97-1
Depósito Legal: M-9474-20205

CAMBIO DE PLANO

JUAN MANUEL LEIVA

EL PEZ QUE POR FIN SALE A MAR ABIERTO

Muchos soles y lunas han cruzado el cielo desde que los anteriores poemas de Juanma Leiva buscaron acomodo entre las páginas de un libro impreso. Yo tuve la fortuna de poner algunas palabras como preámbulo a aquellas primeras piezas, y me complace poder volver una vez más a saludar con este breve texto otra esperada continuación de aquellas. En lo que haya ocurrido, sin embargo, entre las unas y las otras podrá quien lo desee hallar razón de eso que este título de hoy declara sin apenas disimulo. El cambio de plano que proclama el autor apunta desde luego a una transformación de la mirada que arroja sobre las cosas y, asimismo, de una diferente afinación de los instrumentos con que sus palabras se aprestan a fijar aquella.

Por decirlo con el auxilio de la metáfora, siempre tan cara a lo lírico: si el poeta de ayer era como el jinete que busca domar un potro cimarrón y bravío, encabritado como unos versos a los que el renglón les queda estrecho, el poeta actual se parece más bien a aquel cantero paciente que pena por si las aristas de la losa que pule no son tan suaves todavía como él se ha propuesto. Más cauto, con la prudencia de quien sabe que camina por un mundo de piel que es más reseca de lo que imaginó, el Leiva que hoy escribe es más consciente que nunca de que solo el amor que pongamos en las cosas las hará más amables pues no lo son por sí mismas. Y le priva de ser más severo, por suerte, la cercanía feliz de un niño que va creciendo y haciendo suya, al explicarla, una realidad que en sus ojos resulta más cordial.

Algo en buena hora no ha cambiado: la experiencia terrenal y humilde de que se nutre su verso, sin el soborno del afeite o la pedantería, sigue siendo aquella que permite que todos podamos asomarnos al espejo de sus honestísimas composiciones. Y que se cumpla en ellas aquello que dijo Borges hace justo un siglo en el prefacio de su primer libro, *Fervor de Buenos Aires*: «Nuestras nadas poco difieren; es trivial y fortuita la circunstancia de que seas tú el lector de estos ejercicios, y yo su redactor». La intercambiabilidad de nuestra peripecia humana, por la que andan en juego cada día la ilusión y el temor, el placer y los sueños, la dignidad y el coraje, es la materia en que se teje cada frase de las que acompasa el libro que aquí empieza.

Una de sus piezas más llamativas, que quien esto lee encontrará muy pocas páginas más adelante, invoca a esos peces condenados a la prisión de una pecera —tan opresiva como un calendario laborable— que sueñan sin embargo con la libertad de un estuario, de unas aguas afluyendo finalmente al mar abierto. Con algo de la tenacidad de aquella anguila del poema de Montale, o del resiliente aplomo del pez del poema de Marianne Moore, estos poemas de *Cambio de plano* ya circulan río abajo, ágiles y decididos. Como no dudo que harán también todos sus lectores, quiero augurar a Juanma Leiva, en la desembocadura de sus actuales versos, prósperas futuras travesías «hacia lo que algún día será un mar / con nombre propio».

Bellaterra, 26 de octubre de 2023.
Pere Ballart

CURRICULUM VITAE

"Elaborar una hoja de vida puede ser una de las tareas más confusas, si se tiene en cuenta que no se ha establecido un manual oficial, que diga paso a paso cómo hacerlo, todo lo que se tiene son innumerables recomendaciones de expertos... Pero ¿cómo saber qué recomendaciones son efectivas? Eso depende de usted, pues la hoja de vida es algo personal, es su carta de presentación, por eso debe decidir qué aspectos quiere resaltar".
WWW.FINANZASPERSONALES.COM

CURRICULUM VITAE

Nazco,
luego, aunque sea relativo,
parece ser que existo.

Allí donde no tienden a vivir
los temores del tiempo
pasé los años de mi infancia,
disfrutando
al aprender del juego de las cosas
y de molestar a los viejos
que nunca empatizaron
con la libertad de los niños.
Porque ser libre es como un ejercicio
en el cual siempre gana
la dignidad del más rebelde.

Tuve conflictos en la adolescencia
al aprender a puñetazos
todas las diferencias que caben
en el gran universo de las drogas
vendidas por entonces
como sexo inocente y rock and roll.

Hablar en los corrillos de amor y bienestar
era fundir con el acné
conceptos viejos.
Y nosotros, en nuestra larga noche
de luces encendidas
en el sillón de atrás de un coche,
quemábamos los últimos petardos
para acabar con los sueños impuestos
de aquello que no nos pertenecía.

Luego llegó el trabajo,
y me enseñaron que ascender
era castigar,
que la clase social era exigente,
que había que luchar por más y más,
por tener,
por querer,
por aparentar ser alguien de éxito.
Aunque en tu interior se pudriera
esa humilde semilla
de quien aún, todavía, siempre,
le queda todo por vivir.

Pero un día entendí
que la dignidad no es remunerada,
y de que estoy
demasiado ocupado
en el mismo ejercicio de la vida
como para medir
el manantial de la existencia
que me engendra
con las fechas de los horarios
por los que me pagaron
en la oficina.

Hubieron, hay y habrán amores
de los que siempre
aprendí a ser mejor persona.
Algunos reflejaron la pasión
de un hombre predispuesto a amar
cada minuto, fuera y dentro de la cama.
Hasta que un día me ofrecieron
como padre de un hijo.

Aran,
tiempo dedicado a la calidad
de una tarea sin horarios.
He aprendido a amar el insomnio,
a querer con pasión
la idea de no ser más que un ego disuelto,
como el río que fluye
alimentando su futuro
hacia lo que algún día será un mar
con nombre propio.
Por eso entiendo
que acompañar desde el amor
es una de las más nobles tareas
que alguien puede ofrecer.

El resto del curriculum
lo tendrán que escribir los otros.

Porque insisto;
si la vida ha de ser medida
por los festivos,
los horarios de silla,
los minutos de cigarro
y los buenos modales
para que aquellos viejos insensibles
no se enfaden.
Yo no juego.

MUDANZAS

SENTENCIAS DE LA URBE

LO QUE OCURRE BAJO EL BOSQUE

Hay
un montón de personas caminando,
casi sin vida,
por llanuras impropias
de la cultura que nos nutre
todavía.

La ciudad, con ingenuas formas dadas,
nos induce a sentir como son nuestros
los enormes caprichos
de los escaparates más vistosos.

Pero no puede hacer el hombre un bosque.

Todos nos aferramos demasiado
al asfalto que nos sostiene.
Sin reconocer que ahí abajo
aún están las raíces,
ya muertas,
del bosque que en su seno nos condujo
a vivir como un pueblo,
arraigados a un único presente.

PUÑALES AL ODIO

*"Aprendí que el coraje no es la ausencia de miedo,
sino el triunfo sobre él. El hombre valiente no es
aquel que no siente miedo, sino el que conquista
ese miedo".*
NELSON MANDELA

En la plaza de siempre,
donde he visto crecer, sigilosa a mi alma,
todo sigue su curso
en una ciudad sin descanso.

Pero en la mesa de delante
algunos se imponían con falsas carcajadas,
y ante aquella punzante
pedantería hecha de palabras
era todo
lo que atacado por aquellas voces
se espantaba por miedo
a convertirse en la presa del odio.

La asesina navaja de su tono
me hizo detener unos instantes
en el dolor que todo parecía sentir.
Y solamente pude alzar
la mirada hacia el sol,
y con la compasión enorme
de mi alma prendida,
acogí a todos los puñales
que comprendí algún día por las calles
de mi infinita infancia.

Me paré,
observando de cara a cara
el porqué de mi miedo,
mientras todas las risas más cobardes
se silenciaban,
en la misma medida
que el dinero se cree valiente
por el peso de su cartera
cuando ya todo está cerrado.

Enmudecían,
con todos mis puñales
clavados en la tierra,
al saber con certeza,
que es debajo del asfalto
donde se encuentra,
aún viva,
nuestra antigua memoria del respeto.

EN LA PLAZA HAY UN CUERDO

A Joan

En la plaza
sólo hay un cuerdo
dispuesto a vivir el presente.

No osó nunca a decir una palabra,
mira hacia el cielo y contempla
los ociosos dibujos de las nubes,
arruga un trozo de papel
hasta borrar sus letras
y nunca, nunca, lo vi afuera de su instante.

Parece que esté solo
ante miradas que lo juzgan,
pero él arruga su papel
mientras mira de frente al mundo
para dejar bien claro que hoy, a él,
sólo le importa el viento.

LOS PECES DE LOS DÍAS LABORABLES

Pronto por la mañana,
es posible sentir, como el silencio
de un instante,
algo que se vislumbra
al otro lado de los alborotos,
frustrados,
de los aún noctámbulos
que no han encontrado esta noche
aún su lecho.

Pero es la ciudad quien despierta
con el ritmo de los camiones
que recogen, urgentes, la basura
de una ya antigua noche
consumida
por la cárcel de un día laborable.

Y las parejas van llegando,
en su fin de semana,
con los rostros pegados a las sábanas
y al placer
de no estar obligados a tener que hacer nada.

Los peces que han nacido
obligados a ser, dentro de una pecera,
no son conscientes
del río que como un hogar seguro
desemboca en el mar
de la libertad de ser uno mismo.

Observo con delicadeza
la brisa que me mueve en todo esto,
para afirmarme en este instante
que es aquí,
que es así,
como comienza un día más
que mueven los horarios en su ausencia.

SUSURROS DEL AMOR AL CAMPO

"Tratad de imaginar un planeta en el que las plantas han aprendido a comunicarse. En ese mundo imaginario, pueden intercambiar información entre ellas e incluso comunicarse con los animales, incluidos los humanos. En un planeta como ése, los vegetales han aprendido a "hablar" con los animales en su lengua y pueden llegar a utilizar argumentos muy convincentes para obtener la ayuda que necesitan... ¿Os imagináis un mundo así? ¿Un mundo en el que los organismos más silenciosos, pasivos e indefensos de que tenemos conocimiento —las plantas—, condicionan y, en ciertos aspectos, orquestan la vida de los animales, desde el más modesto gusano hasta el ser humano? Pues bien, ese mundo existe: bienvenidos a la Tierra".

STEFANO MANCUSO / ALESSANDRA VIOLA

A QUIEN NO SUPO SER MARIPOSA

Te veía cruzar la plaza
de un pueblo engalanado para Semana Santa
como las divas que trae el viento,
dispuesta a intercambiar su cuerpo
con el asombro
de todas las miradas incrédulas
ante aquellos misterios
que allá, a lo lejos, guarda la ciudad.

Yo, en cambio,
te miraba perplejo
ante tu andar ridículo y sediento,
como disfruto de un museo
con un edificio bonito
pero con poco que aportar,
incapaz de engañar
a la visión del ser, sin más,
uno con la naturaleza.

Pero ante todo,
y con la verdadera y sublime
belleza de las cosas que me atraen,
sólo pude decirte
lo que en esa mañana aprendí al verte.

No subestimes a un gusano,
engullido por la tierra y el fango,
por no tener las alas
que le permitan
alzarse a las alturas de sí mismo.

Porque siempre, un día u otro,
se convertirá en una mariposa
dispuesta a ofrecer su belleza
a la totalidad del cosmos.

REGALOS DEL SILENCIO

El silencio del pueblo
siempre me haya en mi contemplación
de todo aquello
que hemos perdido para siempre
casi sin darnos cuenta.

Un niño ensimismado juega,
en su imaginación,
con todo lo invisible de la plaza.
Colaboran los pájaros
en la alegría de las danzas
que ninguno es capaz de capturar,
pero son respetadas
como las notas de la partitura
que ahora, todos,
interpretamos en conjunto.

Me regala el silencio
los idiomas de las conversaciones
que se esfuerzan
por hacer comprender
que las palabras son un viento
que puede albergar solamente el silencio.

Y fluyen entre el niño,
la danza de pájaros
y los idiomas,
dejándome ver más de cerca
cómo éramos en la niñez
donde sólo era el viento
quien nos guiaba.

AMARSE COMO A UN JARDÍN

Ensimismado en mi jardín
descubro,
entre un nuevo orden de las cosas,
que la felicidad eterna
consiste en cultivar
el amor a uno mismo.

Paseo entre los árboles
con quien comparto
las sombras que el verano exige
en su inquietante luz.
Y por las flores,
que con caricias he plantado,
para calmar a mi alma
de las heridas que trajo el cemento
de una ciudad aún dormida
al fluir de la vida que todo une.

Contemplo sus aromas
y a veces dudo
de que aquello que tanto tiempo
he buscado, pueda existir
en una forma tan sencilla
como una flor.

Felicidad,
que uno recrea
cuando las manos hundidas en la tierra
encuentran un precioso instante
que se ha convertido en belleza.

LA UNIDAD DEL JARDÍN

Toda la unidad del cosmos me envuelve
en mí mismo,
y toda la unidad de la naturaleza
me abraza en mi jardín.

Y así, de una manera muy sencilla,
comprendo el ciclo de la vida
y el amor,
que se enraíza hacia el suelo
para buscar las aguas del deseo
y crece,
hacia el amor del sol incandescente
que sabe iluminar el interior de todo
a través de su savia.

AGRADECER A LA TIERRA

Ahora,
con el rumor de los atascos
en su medida justa, me abandono
al sutil sueño de los árboles.

Aceptar en la tierra
un lugar como propio es su elección
porque en él no hay discursos ni naciones,
en su lugar no hay patrias
ni las tristes y estúpidas
burocracias que aquí necesitamos
para vivir.

Pero yo,
transeúnte y migrante
en el transcurso de los siglos
no poseo motivos
por los cuales he de quedarme quieto.

Ya estoy, hace algún tiempo,
caminando hacia un mundo nuevo
que yace en mi interior.

Pero es en este instante
cuando dejo atrás, ese moribundo
plano, parecido a la realidad
(que me dejó entender
que no soy hombre de política)
y emprendo aquel camino que me lleva
a agradecer con la pasión de un hijo
el alimento y el cariño de la tierra
como el único idioma que comprendo.

DICTADOS DEL AMOR Y LA NADA

"Deja que mi voz sea tu voz…"

DORIAN

"No preguntes por saber, porque la experiencia te lo dirá"

PROVERBIO AFRICANO

el tiempo de un niño (pre-adolescente)

"El viento está en la nada"
Aran Leiva (9 años)

He aprendido con tus ojos
que son todos los días un destino
mucho más valioso
por el viento que los empuja
que por las horas que los han compuesto.

Tú ya sabes
que son sólo minutos
lo que contienen nuestros ajustados
y opresores relojes.

Y sabes que será imposible,
ni siquiera por un instante,
el querer oprimir nuestro deseo
de ser, en libertad,
como todos aquellos vientos
que contiene la nada.

empatía

*"Si dos voces se juntan
hacen una más fuerte".*
Aran Leiva (9 años)

Si dos voces se juntan, por amor,
son capaces de hacer
en la dulzura de su tono
una, más fuerte
que el ruido que las quiere sepultar.

—Así es como te quiero, hijo.
—Papá, porque es así como te hablo.

simplemente

"Estoy mirando a la nada.
La nada sí se puede ver
aunque parezca que no se puede ver.
Porque la nada también es algo".

Aran Leiva (9 años)

Estoy mirando
directamente al rostro de la nada,
y en la compasión de sus ojos
se puede ver
una mirada abierta al universo
que pareciera no existir
entre las cosas
que reinan el banal mundo de la materia.

Porque la nada existe,
en su vacuidad, como el arte
que desborda belleza sin aparentar nada.

Simple, sencilla,
esa nada que miro
se parece a una cómplice tristeza
que nos habita
cuando el amor nos deja
y nos arroja a nuestras sombras.

Se parece a la ausencia de lo amado
pero ésta, en lugar de darlo todo por perdido,
embellece tu alma.

bombillas de feria

"Existe el sonido de la nada".
Aran Leiva (9 años)

Podéis seguir soñando, ilusos,
con la pequeña luz
de los lugares donde no hay silencio.

Yo, nosotros, todas
ya estamos escuchando
el sonido de la nada.

voz de un hijo a su padre

"Nuestros dos cuerpos juntos
son como un alma iluminada por la tierra.
Cuando no me escuchan pienso que la realidad no es real.
Porque crees que la luz es lo que ven tus ojos
y en verdad es a tu alma a quien ilumina".
Aran Leiva (9 años)

Nuestros dos cuerpos, juntos,
son como una sola alma
por tu presencia iluminada.

El mundo de las cosas
se hizo poesía
cuando llenas de magia, tus palabras,
me susurraron al oído
una canción que nadie, más que tú,
se hubiera atrevido a cantar.

Paseábamos,
sintiéndonos muy por encima
de los juicios mundanos,
y en nuestra confianza
éramos uno con el todo
para afirmar en nuestro cuerpo
que la tierra no es sólo para ser
pisoteada por la astucia del dinero.

Porque la gente cree
que la luz es lo que ven con sus ojos
y es en verdad a tu alma
a quien la tierra ilumina
con la paciencia infinita
de ser pisada.

confianza

"No tengo nada que decirte".
Aran Leiva (9 años)

Al mirar tu silencio
cargado de conflictos ya maduros
me acechan los recuerdos
de aquel niño que un día fui.

Crecer causa dolor,
como cualquier semilla cuando quiebra
en busca de la vida
a través de la cual dará sus frutos.

No busques mi rencor.

Porque confío tanto
en esta ausencia de palabras
en las que tu silencio
se envuelve,
que te siento así callado
tan cerca, de ser tú mismo,
como el amor que nace en mí
en cada uno de tus conflictos.

universo

"La felicidad no es material
pero el amor es felicidad.
Hay algunos que disfrutan por lo material,
y otros que disfrutan por la felicidad".
Aran Leiva (9 años)

El amor es la llama
que hace explotar al material del deseo.
Y el gozo, la chispa
que originó en su regazo
a todo el universo.

Tú, ya lo sabes.

La felicidad
no es algo a ser buscado,
es, sin duda, lo que origina todo.

emancipar a un hijo

"Papá, te quiero mucho".
Aran Leiva (10 años)

Tú, aún eres sabio
en el mismo momento que aún juegas
con las fuerzas de la naturaleza.

Pero escucha con atención esto
que uno piensa cuando ya se hace viejo
y puede ver a su fruto, ya, casi maduro.

De todo eso que dices,
con tanto amor sincero,
creo que sobran las palabras
"te" y "mucho".

Y por supuesto mi nombre.
Porque desde ahora ya es tuyo el camino
y propia tu existencia.

[MAITASUNA]*

"Solo dos veces
te he visto llorar
y no tendré fuerzas
para aguantar la próxima.
Por cada lágrima caída
me haría un corte de cuchillo
con la intención
de recoger tu dolor".

BERTOLD BRECHT / NEGU GORRIAK

*Amor (en euskera)

LA CULTURA DEL AMOR
Eguzkiari eta ilargiari

Es al cruzar el túnel del prejuicio
cuando vi, en el amor que susurraba todo,
el canto de las sabias hierbas
que no supieron ver los romanos.
Eran ellas, con un dulce susurro,
quien al amanecer cantaban
que no era una de las puertas del cambio
lo que ante mí se abría,
sino el canto hermanado que viene de antes
de que existiera la fe, el odio y el dolor.

Lurra es madre querida por el sol.

Y para cambiar de paradigma,
y para comprender su dolor,
hay que prender la llama
que en su ruido genera injusticia.

La vida es adventicia,
como cualquier hierba.
Pero es el deseo más sutil,
al observar en todo lo vivo
que es a través de su gran silencio
por donde la tierra grita de dolor,
al ver una vez más,
cómo nuestro codicioso progreso
la pisotea de razón, con su dinero,
sin haber aprendido aún, del respeto
que una madre se merece.

Y hoy,
entrando en esta sólida certeza,
y en paz con haberme elevado
hasta las alturas de mí mismo,
estoy dispuesto
a convocar a todos los demonios,
y al sol, si hiciera falta,
con el fin de que demos un paso valiente
que nos haga desaparecer
de este apestado plano del dinero
para llevarnos hacia uno
donde no sean extrañas las palabras
amor a la tierra.

Nos robó la fortuna de escuchar su llanto,
y de dolor, la invadió
eso que llamaban cultura.
Al consumir todos sus rincones
con sus grandes farmacias, oleoductos
y algunos supermercados.

Pero es en este sol naciente
que como hierba comprendí
cómo curar ese dolor.

Abrazar al deseo universal y al amor
que une a todos los corazones con la tierra
es lo que nos hace ser
mujeres y hombres libres.

VISIONES DEL [KOSMOS]*

"Dos grupos de interferencia de onda son particularmente reseñables. Uno aparece como objetos físicamente reales, y el otro como fenómenos de la mente o la conciencia... Ni la materia ni la mente son la realidad básica. La realidad básica es la inteligencia (universal) que coordina los grupos de vibración".

ERVIN LASZLO

*Kosmos, del griego. La totalidad ordenada que abarca todas las cosas del mundo.

HABITAR LA MEMORIA

*"La materia como tal no existe. Toda la
materia se origina y existe sólo en virtud
de una fuerza que lleva la partícula
de un átomo a una vibración y mantiene
unido este sistema solar sumamente
diminuto del átomo".*
MAX PLANCK

Es el recuerdo un lugar
donde habitar es imposible.

Pero anduve
abriendo en cada paso un agujero de gusano
de la realidad que mi corazón
dictaba
a todos mis sentidos.

Y entrelazado
a la realidad del nuevo cosmos,
me descubrí como hombre
dispuesto a borrar todas las fronteras
que han habitado en mi interior.

Era ese lugar al que me adentraba
el que aceptó mis pasos extraños
como parte indisoluble
de una armonía,
de algún reino,
donde el ser es como un río,
que brillante, baja la montaña
hacia lo desconocido.

Era el flujo de la memoria que nos habita
donde la vida es,
de forma rotunda,
guiada por la conciencia universal
que como caricia nos envuelve,
a todos,
quienes amamos la verdad
de un mundo paralelo al nuestro
y al que podemos llamar memoria.

DA IGUAL EL NOMBRE

Que más da el nombrar
a todo lo que une nuestras vidas
con el resto del cosmos.

¿No es para dejar que exista
alguna posibilidad
de vencer?
¿Vencer, ante qué?

Indudablemente, ante la estupidez
que arruina nuestras vidas,
encerrándonos,
en la realidad absoluta
establecida por los necios.

DONDE HABLAN LOS ANCESTROS

Entre el recuerdo y la memoria
sólo habitan distancias
de ese tiempo que nos hace correr
en busca de minutos
que nunca han sido propiedad de nadie.

El recuerdo se escapa
por los desagües del ayer
con las dulces mentiras
de experiencias pasadas.

La memoria, en cambio,
nos conecta a un presente
donde hablan los ancestros más cercanos
en el absoluto instante
de uno mismo frente a la realidad,
y por cada una de las células del cosmos
guardado por nuestra piel.

No les confundamos.

La memoria nos hace caminar
sobre el abismal vacío que lo une todo.
El recuerdo es quien nos amarra
a su nombre, para impedir,
que vivamos,
un precioso instante
que no le pertenece.

MÍSTICA CONTEMPORÁNEA

En mi experiencia mística
es el lugar donde la magia
se encuentra
con antiguos caminos de conciencia.

No siempre es posible
el saborear cada esquina
de nuestra realidad sagrada.
Porque habitar lugares tan sublimes
no es una verdad sencilla
y puede dar miedo.

Consiste en un pequeño gesto
de una libertad absoluta
cada inhalación
de aquel espacio-tiempo diferente
que nos lleva a la cuna
que balancea el gran espíritu.

En él ya no hay yo ni hay nadie,
muere el ego,
somos todos tan sólo
una parte más de su viento.

EL ORDEN MÍSTICO DE LAS COSAS

"Árbol, hermano.
Te han hecho sufrir tanto como a mi.
No pidas misericordia
para el leñador de mi madre y de la tuya".

MAHMUD DARWISH

ILUMINAR A LO INARMÓNICO

A Lolo, mi hermano espiritual

Sólo existe una plaga
peor que la del ser humano sin conciencia,
y ésta es el propio humano
cuando en su ser más hondo,
el corazón,
habita la despiadada semilla
del mal.

En las llanuras del silencio
donde las hierbas habitan
en la armonía de sus sociedades,
bien saben que no es plaga
el insecto que de ellas se alimenta
sino ese enorme ejército de estúpidos,
que por ignorante codicia,
quieren acabar con su reino.

Pero ellas, sabias desde siempre,
tienen en su savia el antídoto:

Saber atraer al mal, alimentándolo
con veneno que acabe fulminante
con su asesina estupidez.

Y dejar espacio al insecto
para que esa flor sea venerada
en otros campos
al atravesar todas las fronteras,
físicas, mentales y cuánticas
que el odio ha construido,
separando los planos de realidad,
para separar a los hermanos.

HIJOS DEL SOL

El sol, qorraxdu, râ, eguzki,
da igual cómo lo nombres,
desde su auténtico susurro plural
me enseña como un padre cuidadoso,
en su perseverancia de cada amanecer,
que el estado más elevado
que puede alcanzar un hombre
no es otro
que la humildad.

LA ARMONÍA EN LA TIERRA

Estoy caminando
por ese lugar sublime
donde todos los soles iluminan
la oscuridad de nuestra educada
civilización del miedo.

Es la paz de la noche,
con la quietud
de sus estrellas más potentes,
quien indica el camino
que uno ha de andar hacia sí mismo.

Indudablemente aquí
es la luz de todos los astros
lo que uno recibe,
y no hay otro camino, que doblegarse
ante su humildad de infinita distancia
como si fueran dioses de culturas lejanas
que aún no comprendemos.

ÍNDICE